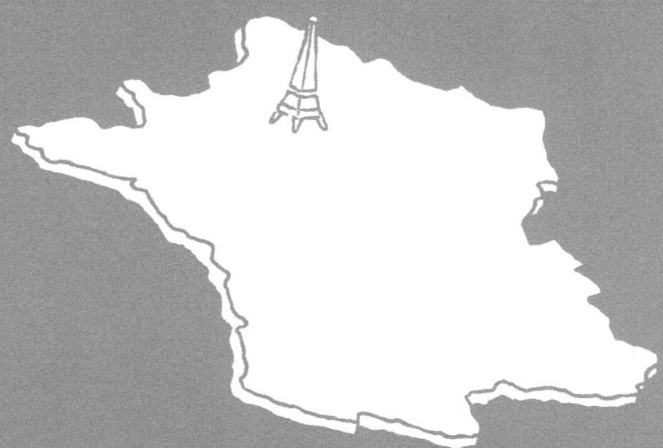

LES BLAGUES CORSES

4 • INSULAIRE DE RIEN

SCÉNARIO
LAURENT PANETIER

DESSIN
FICH

COULEUR
FICH & SYLVIE MARTIN

DELCOURT

Merci à Stéphane et Thierry.
L. P.

Merci à Thierry et Laurent pour leur accompagnement depuis le début de cette aventure.
Merci à Sylvie pour son soutien et son aide si précieuse.
À l'ami Philippe Larbier, pour ces nombreuses heures de franche rigolade durant nos séances de vidéoconférence.

À mon grand-père Albert.
Fich

Dans la même série :
Tome 1 : Canal hystérique
Tome 2 : Jeux de mains
Tome 3 : L'Île de beauté
Tome 4 : Insulaire de rien

Du même scénariste, chez le même éditeur :
• Les Blagues Suisses (trois volumes) - dessin de Madaule

Aux Éditions Soleil :
• Comme des Bêtes (un volume) - dessin de Ghorbani
• Les Ch'tis (un volume) - dessin de Derian
• Les Dieux en folie (un volume) - dessin de Madaule
• Vive la retraite (un volume) - dessin de Lai

Aux Éditions Vents d'Ouest :
• Les Cyclistes (trois volumes) - dessin de Ghorbani
• Télé Réalité (deux volumes) - dessin de Ghorbani

Site Internet et blog de Fich:
www.fich.be
http://fich.over-blog.com/

Dépôt légal : octobre 2009. I.S.B.N. : 978-2-7560-1726-6
Première édition

Conception graphique : Trait pour Trait

Imprimé et relié en septembre 2009
en France par Jean-Lamour - Groupe Qualibris

www.editions-delcourt.fr

C'EST PAS POSSIBLE ! ÇA FAIT MAINTENANT DOUZE JOURS QUE LES FERRIES N'ONT PAS QUITTÉ LE PORT !!
JE CROYAIS QUE LA GRÈVE ÉTAIT TERMINÉE ET QUE LES SYNDICATS AVAIENT EU GAIN DE CAUSE !
JUSTEMENT, IL EST BIEN LÀ, LE PROBLÈME !!
ILS ONT OBTENU QUE LA PRIORITÉ SOIT DONNÉE AUX TRAVAILLEURS CORSES SUR TOUS LES FERRIES...
AH BEN, C'EST TRÈS BIEN... ET ALORS ?
ET ALORS ? EH BIEN DEPUIS, ON LES CHERCHE, LES TRAVAILLEURS CORSES !

PANETIER - FICH

JOYEUX ANNIVERSAIRE...
JOYEUX ANNIVERSAIRE, CHEEEEF !
JOYEU ANNI
HHH...
BOAM
BOUF !
SPLAF !
TINO !! TU LES AS TROUVÉES OÙ, CES BOUGIES ?!!
TNT

PANETIER - FICH

TENEZ-VOUS PRÊTS ! ON VA INTERVENIR !!
À MON SIGNAL !!!
PLUS UN GESTE, MES GAILLARDS !! VOUS ÊTES FAITS !!
?
?
CELA FAIT DES SEMAINES QUE L'ON OBSERVE VOTRE MANÈGE !!
MAIS... MAIS ?!
CREUSER AINSI AU VU ET AU SU DE TOUT LE MONDE, ET MASQUÉS EN PLUS, CES INDÉPENDANTISTES SONT VRAIMENT GONFLÉS !!
QUI SAIT QUEL SALE COUP ILS PRÉPARAIENT ENCORE...
Gaz de France
Interventions sur le réseau

PANETIER - FICH

?
!
iiiiiiH
FERIA D LA
?
!!
HÉÉÉÉÉ !!
NON ! JE VEUX PAS !! LÂCHEZ-MOOIII !!
?
ALLONS, ALLONS !
MAIS... MAIS... ILS L'ENLÈVENT !!!
JE NE CROIS PAS...
VRRRRRR
CE SONT LES GARS DE PÔLE EMPLOI QUI VIENNENT LE CHERCHER POUR UN ENTRETIEN D'EMBAUCHE !!
!
PANETIER - FICH

SPÉCIALITÉS CO
N PINZUTU
JE N'Y COMPRENDS RIEN... CELA FAIT TROIS SEMAINES QUE J'AI MIS CETTE ANNONCE ET JE N'AI PAS ENCORE VU UN SEUL CANDIDAT !!!
CRUNCH
CRUNCH
CRUNCH
RECHERCHONS EMPLOYÉ MOTIVÉ, PAS D'HORAIRE PRÉCIS, BEAUCOUP DE CHOSES À FAIRE MAIS BIEN PAYÉ
JE VOIS ! VOUS AVEZ UN STYLO ?
EUH... OUI, VOILÀ !!
??
SCRATCH
SCRITCH
VOILÀ ! JE VOUS PARIE QUE MAINTENANT CELA VA ALLER MIEUX !
!!?
ORSES
RECHERCHONS EMPLOYÉ
PAS
BEAUCOUP DE CHOSES À FAIRE MAIS BIEN PAYÉ

PANETIER - FICH

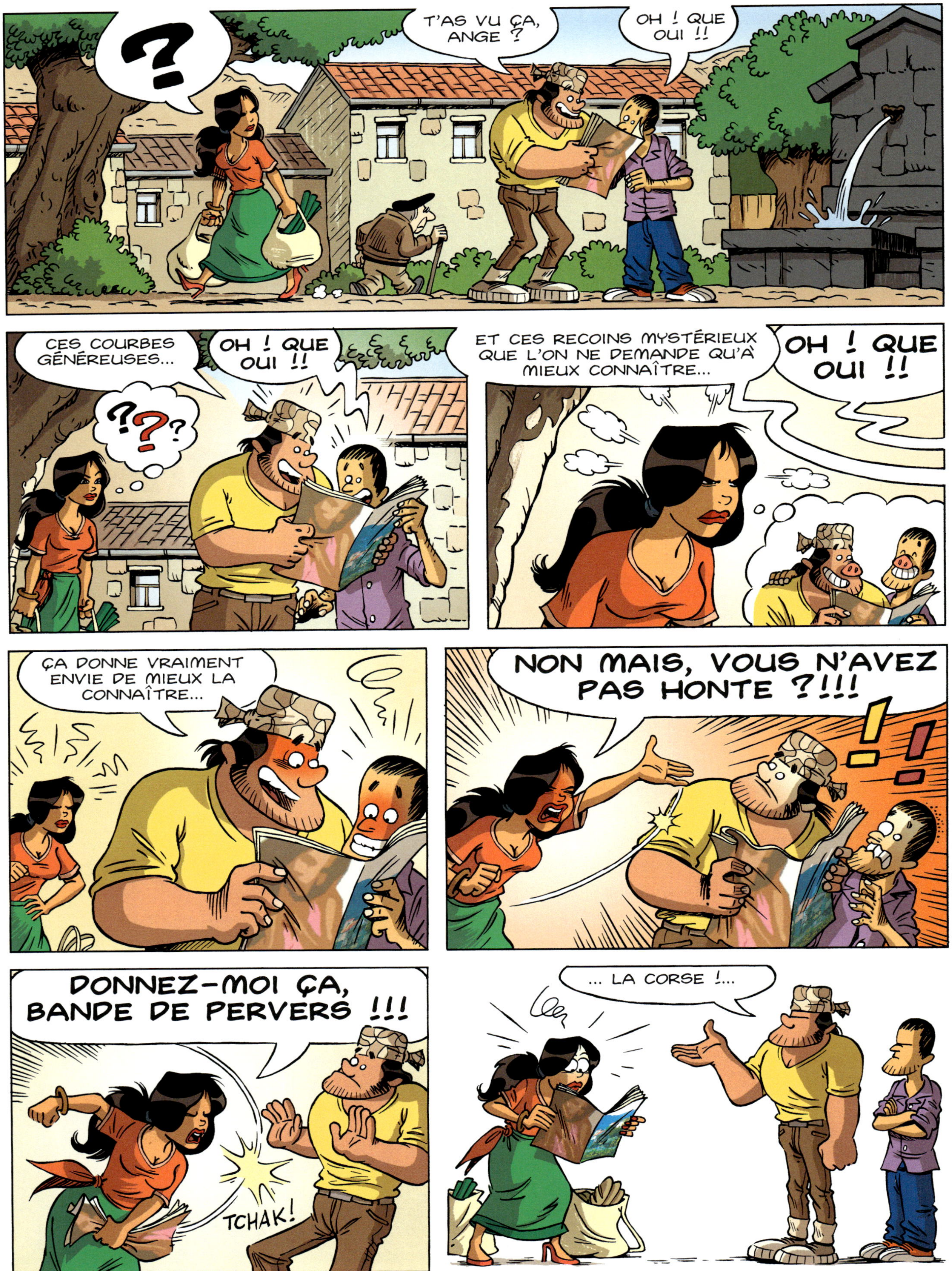
?
T'AS VU ÇA, ANGE ?
OH ! QUE OUI !!
CES COURBES GÉNÉREUSES...
OH ! QUE OUI !!
???
ET CES RECOINS MYSTÉRIEUX QUE L'ON NE DEMANDE QU'À MIEUX CONNAÎTRE...
OH ! QUE OUI !!
ÇA DONNE VRAIMENT ENVIE DE MIEUX LA CONNAÎTRE...
NON MAIS, VOUS N'AVEZ PAS HONTE ?!!!
DONNEZ-MOI ÇA, BANDE DE PERVERS !!!
TCHAK!
... LA CORSE !...

PANETIER - FICH

MAIS C'EST PAS POSSIBLE !! QU'EST-CE QU'ILS FABRIQUENT ?!!
DEPUIS TRENTE ANS QUE JE SUIS ICI, JAMAIS LES PÉNITENTS DU CATENACCIU* N'ONT ÉTÉ EN RETARD...
MAIS QU'EST-CE QU'ILS FABRIQUENT, NOM DE NOM ?!
UN PÈLERINAGE ? C'EST ÇA !! ALLEZ ! ON NE ME LA FAIT PAS À MOI !! JE SUIS DEPUIS SUFFISAMMENT LONGTEMPS SUR L'ÎLE POUR NE PAS CONFONDRE UN PÈLERIN AVEC UN INDÉPENDANTISTE QUAND J'EN VOIS UN !!!
DIEU SAIT QUEL SALE COUP VOUS PRÉPARIEZ ENCORE ?!
SAINTE-LUCIE-DE-TALLANO

* PÈLERINAGE ANNUEL QUI SE DÉROULE DANS LE VILLAGE DE SAINTE-LUCIE-DE-TALLANO.

PANETIER - FICH

INSPECTEUR !! ON VIENT DE METTRE LA MAIN SUR UN GROUPE D'INDÉPENDANTISTES !!
MMH...
ILS AVAIENT MÊME SUR EUX DES PAINS DE PLASTIQUE PRÊTS À L'EMPLOI ! ON LES A COINCÉS DANS UNE ANSE, PRÈS D'ICI...
HUM !
VOUS AVEZ VU LA DATE ?!!
2009
15 AOÛT
EUH... OUI... ET ALORS ?
ET ALORS ? À MON AVIS VOS INDÉPENDANTISTES CE SONT DE SIMPLES PÈLERINS VENUS FAIRE LEUR PÉNITENCE ! LAISSEZ-LES PARTIR !!
MAIS...
JE ME SUIS FAIT AVOIR UNE FOIS À SAINTE-LUCIE-DE-TALLANO, CELA NE VA PAS RECOMMENCER !!
DES CIERGES ?!!! ILS ONT PRIS VOS PAINS DE PLASTIQUE POUR DES CIERGES ??!
OUI, CHEF !! ET ILS NOUS ONT LAISSÉS REPARTIR EN S'EXCUSANT ET EN NOUS SOUHAITANT DE RÉUSSIR DANS NOTRE LOUABLE ENTREPRISE !! ON N'Y COMPREND PLUS RIEN !!

PANETIER - FICH

ZWIIIIIPP!
!
AAAH!
HÉÉ!
AAA...
ZWIIIPP
!
AAAAAA
C'EST PAS POSSIBLE, TINO !! ON NE VA JAMAIS Y ARRIVER !!
!
QU'EST-CE QUI T'A PRIS DE VOULOIR DÉVERSER TA CARGAISON...
FÊTE DE L'HUILE D'OLIVE DE SAINTE-LUCIE-DE-TALLANO
... AVANT QUE L'ON NE SOIT ARRIVÉ AU VILLAGE, HEIN ??!
PANETIER - FICH

TOUT EST PRÊT ? LES ENFANTS AURONT BIEN TOUT CE QU'ILS ONT COMMANDÉ ?
OUI, PÈRE NOËL, NOUS AVONS SUIVI SCRUPULEUSEMENT CE QU'ILS DEMANDAIENT DANS LEURS LETTRES !!!
ET POUR LES ENFANTS CORSES ?
?
RIEN, PÈRE NOËL, COMME D'HABITUDE...
ILS NOUS ONT ENVOYÉ DES LETTRES PIÉGÉES, DES DEMANDES DE RANÇON ET DES MENACES DE RACKET !!
CALVI
TIC TAC TIC TAC
AJACCIO
BASTIA

PANETIER - FICH

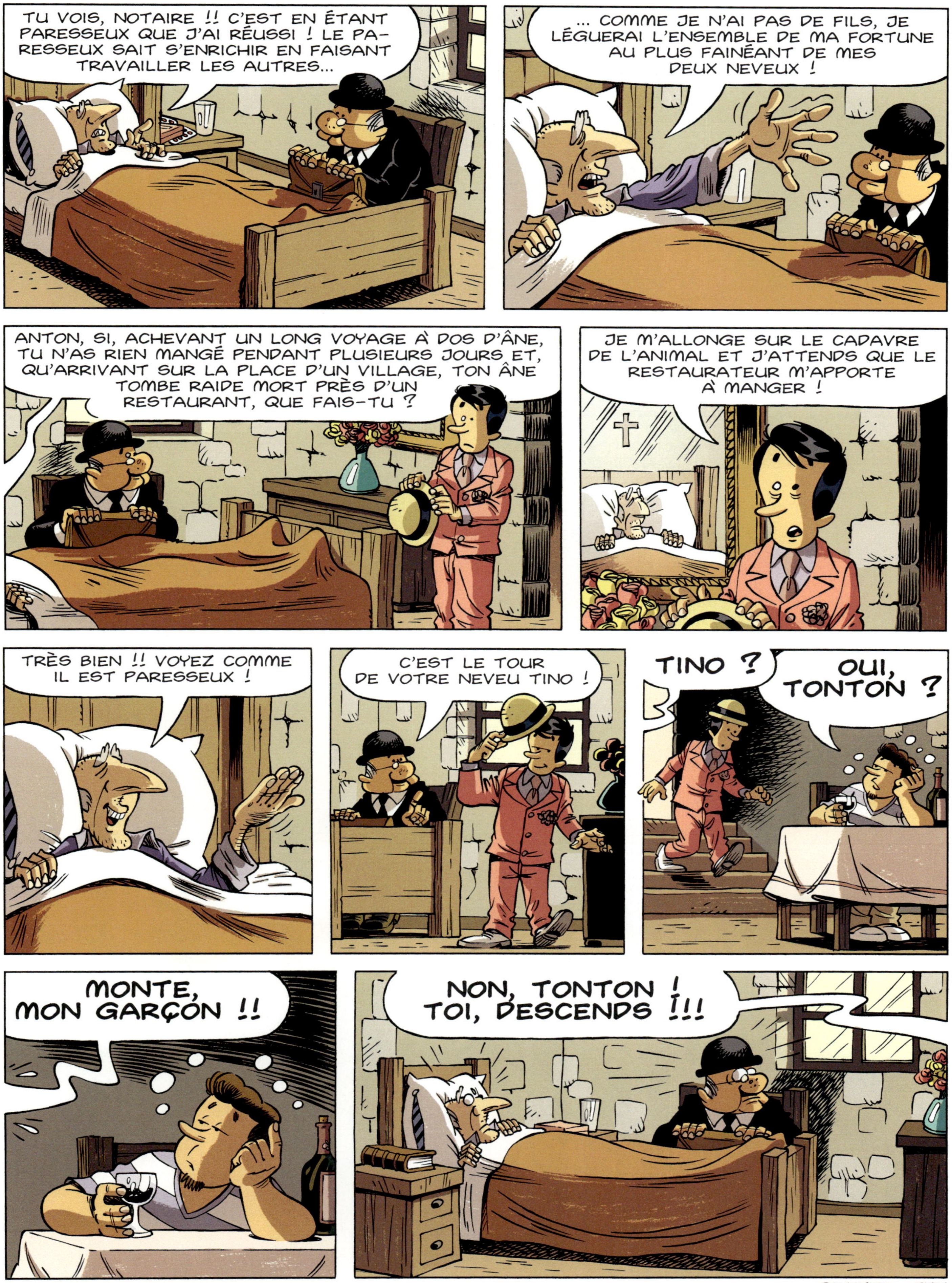
TU VOIS, NOTAIRE !! C'EST EN ÉTANT PARESSEUX QUE J'AI RÉUSSI ! LE PARESSEUX SAIT S'ENRICHIR EN FAISANT TRAVAILLER LES AUTRES...
... COMME JE N'AI PAS DE FILS, JE LÉGUERAI L'ENSEMBLE DE MA FORTUNE AU PLUS FAINÉANT DE MES DEUX NEVEUX !
ANTON, SI, ACHEVANT UN LONG VOYAGE À DOS D'ÂNE, TU N'AS RIEN MANGÉ PENDANT PLUSIEURS JOURS ET, QU'ARRIVANT SUR LA PLACE D'UN VILLAGE, TON ÂNE TOMBE RAIDE MORT PRÈS D'UN RESTAURANT, QUE FAIS-TU ?
JE M'ALLONGE SUR LE CADAVRE DE L'ANIMAL ET J'ATTENDS QUE LE RESTAURATEUR M'APPORTE À MANGER !
TRÈS BIEN !! VOYEZ COMME IL EST PARESSEUX !
C'EST LE TOUR DE VOTRE NEVEU TINO !
TINO ?
OUI, TONTON ?
MONTE, MON GARÇON !!
NON, TONTON ! TOI, DESCENDS !!!

PANETIER - FICH

LE SITE DE FILITOSA EST UN DES HAUTS LIEUX DE LA PRÉHISTOIRE EN CORSE !
AH !
MERVEILLEUX !
ON PEUT MÊME DIRE QUE FILITOSA EST LA CAPITALE PRÉHISTORIQUE DE LA CORSE !
!
D'AILLEURS, LES HABITANTS DU COIN PRENNENT ÇA TRÈS AU SÉRIEUX..
!
GROOOAR
!!!
iiiAAHH
QU'EST-CE QU'IL NE FAUT PAS FAIRE POUR DISTRAIRE LES TOURISTES !!

PANETIER - FICH

ÇA C'EST UN BALLON DE VIN ROUGE AOC PATRIMONIU ! IL A EU LA MÉDAILLE D'OR L'AN DERNIER, LA CASPA D'ORU, COMME ON DIT CHEZ NOUS !
DOMAINE
PERO-LONGO
ORSINI
FIERA DI U VINU DI LURI
SANT ARMETTU
ET ÇA C'EST UN BALLON DE ROSÉ ! UNE AOC AJACCIO, CASPA D'ARGENTU, AU CONCOURS DE L'AN DERNIER !
TINK !
ET ZA... Z'EST UN BALLON DE BLANC DU DOMAINE LAZZARINI, AOC PATRIMONIU ET CASPU D'ARGENTU ! AUZZI DE L'AN DERNIER !
HIPS !
AAOUAÏSSSS...
SLRRRRPP
RONFLRONFLL
PFFFFFFFFFFT...
ET ZA, BEN, Z'EST UN BALLON DE CONTRÔLE D'ALCOOLÉMIE, AOC POLICE NATIONALE, ET À MON AVIS, ZA VA AU MOINS FAIRE UNE MÉDAILLE D'OOOR !!!

PANETIER - FICH

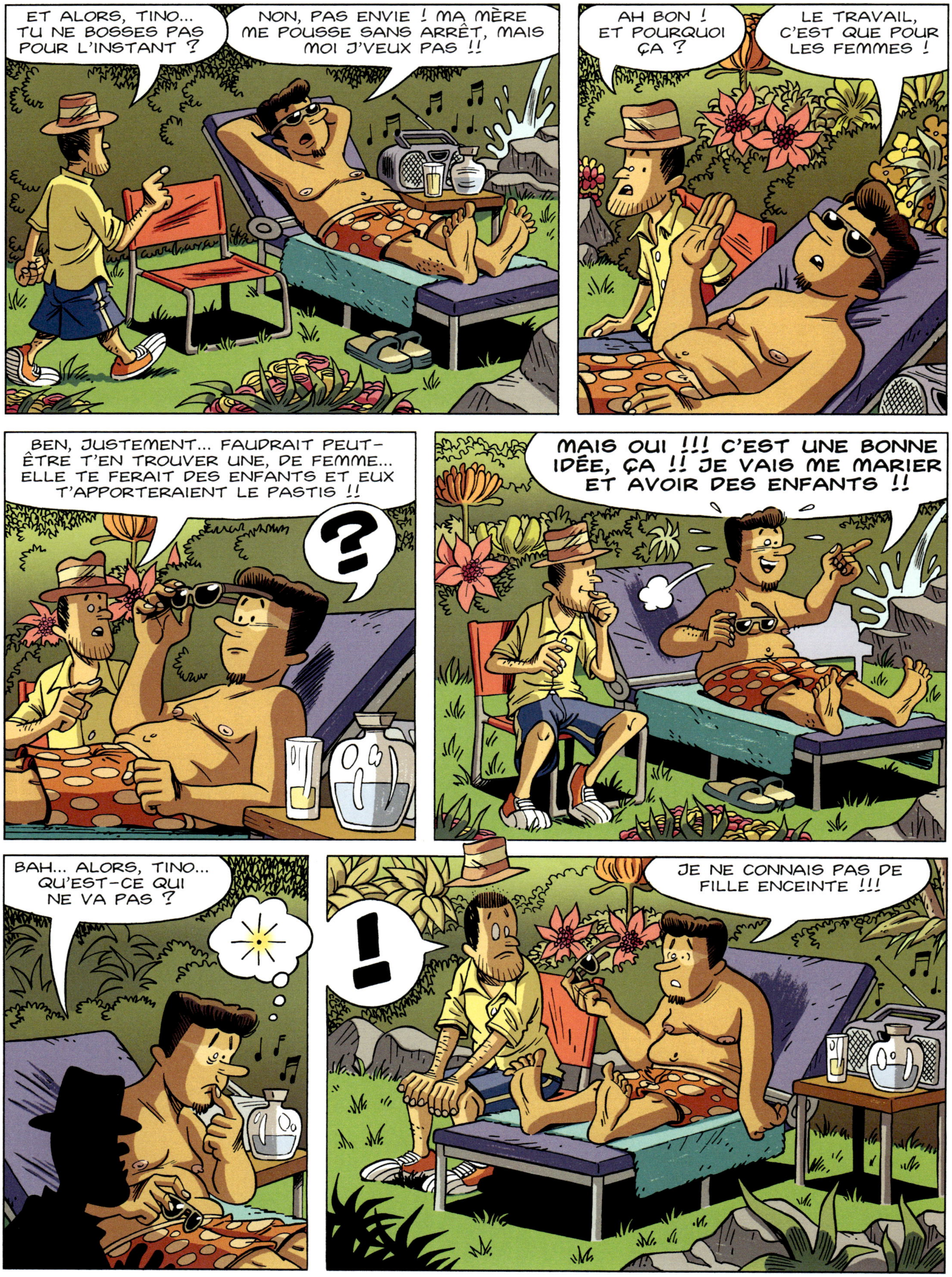
ET ALORS, TINO... TU NE BOSSES PAS POUR L'INSTANT ?
NON, PAS ENVIE ! MA MÈRE ME POUSSE SANS ARRÊT, MAIS MOI J'VEUX PAS !!
AH BON ! ET POURQUOI ÇA ?
LE TRAVAIL, C'EST QUE POUR LES FEMMES !
BEN, JUSTEMENT... FAUDRAIT PEUT-ÊTRE T'EN TROUVER UNE, DE FEMME... ELLE TE FERAIT DES ENFANTS ET EUX T'APPORTERAIENT LE PASTIS !!
?
MAIS OUI !!! C'EST UNE BONNE IDÉE, ÇA !! JE VAIS ME MARIER ET AVOIR DES ENFANTS !!
BAH... ALORS, TINO... QU'EST-CE QUI NE VA PAS ?
!
JE NE CONNAIS PAS DE FILLE ENCEINTE !!!

PANETIER - FICH

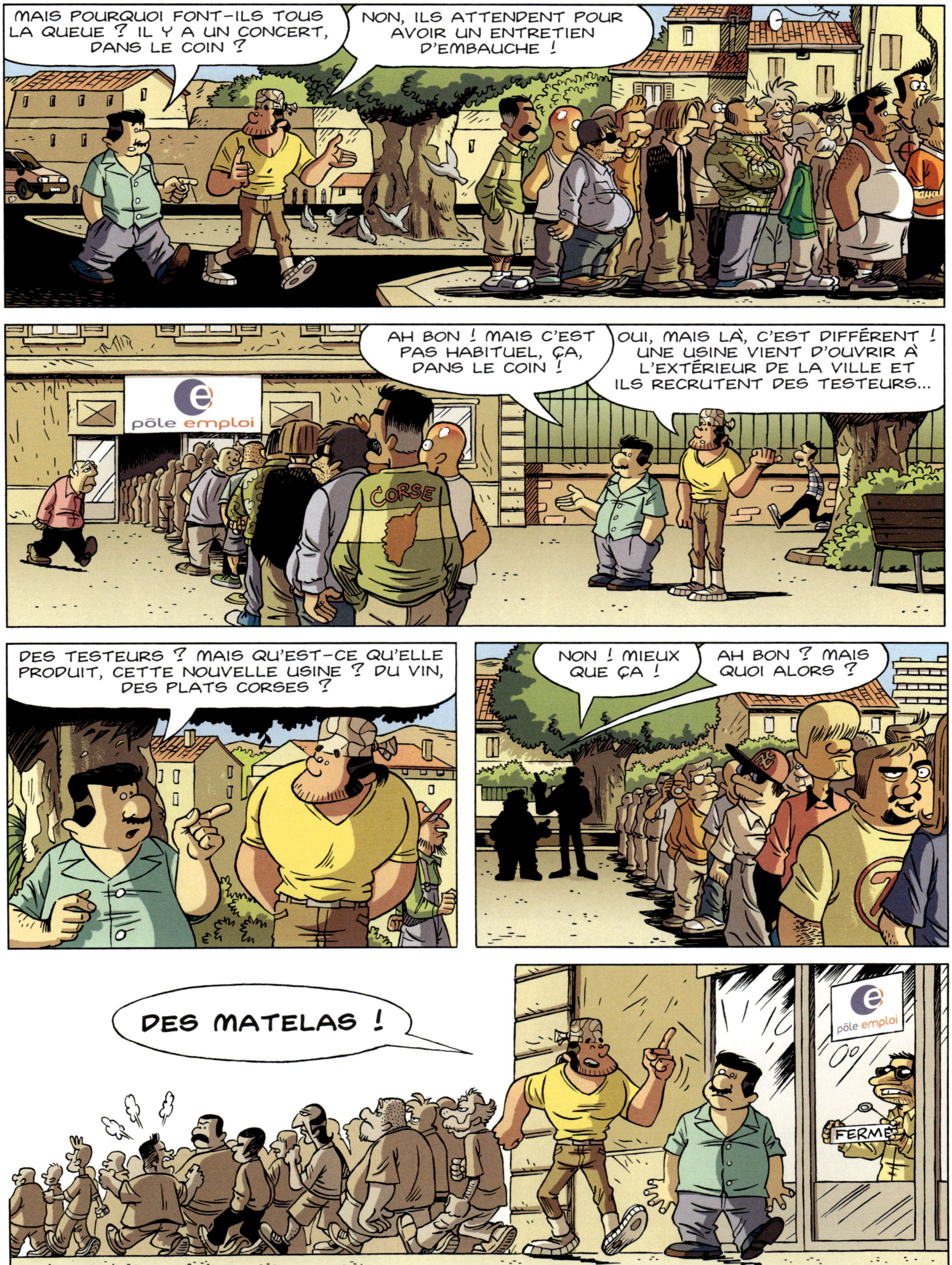
MAIS POURQUOI FONT-ILS TOUS LA QUEUE ? IL Y A UN CONCERT, DANS LE COIN ?
NON, ILS ATTENDENT POUR AVOIR UN ENTRETIEN D'EMBAUCHE !
pôle emploi
AH BON ! MAIS C'EST PAS HABITUEL, ÇA, DANS LE COIN !
OUI, MAIS LÀ, C'EST DIFFÉRENT ! UNE USINE VIENT D'OUVRIR À L'EXTÉRIEUR DE LA VILLE ET ILS RECRUTENT DES TESTEURS...
CORSE
DES TESTEURS ? MAIS QU'EST-CE QU'ELLE PRODUIT, CETTE NOUVELLE USINE ? DU VIN, DES PLATS CORSES ?
NON ! MIEUX QUE ÇA !
AH BON ? MAIS QUOI ALORS ?
DES MATELAS !
pôle emploi
FERMÉ

PANETIER - FICH

♫
TON COMPTE EST BON, MON GAILLARD !!
!
METTEZ-LUI LES MENOTTES !!
HÉÉÉÉÉÉ !!
ALLEZ VITE !! ON RETOURNE À LA PLANQUE !
MAIS... MAIS...
Farces, Attrapes et Déguisements
CETTE ANNÉE, FAITES FUREUR LORS DU CARNAVAL DU MAQUIS ! ESSAYEZ NOTRE NOUVEAU DÉGUISEMENT !
♩
... M'EST AVIS QU'ON VA EN COINCER D'AUTRES !!
!
CORS
LIBE
EXPO
PANETIER - FICH

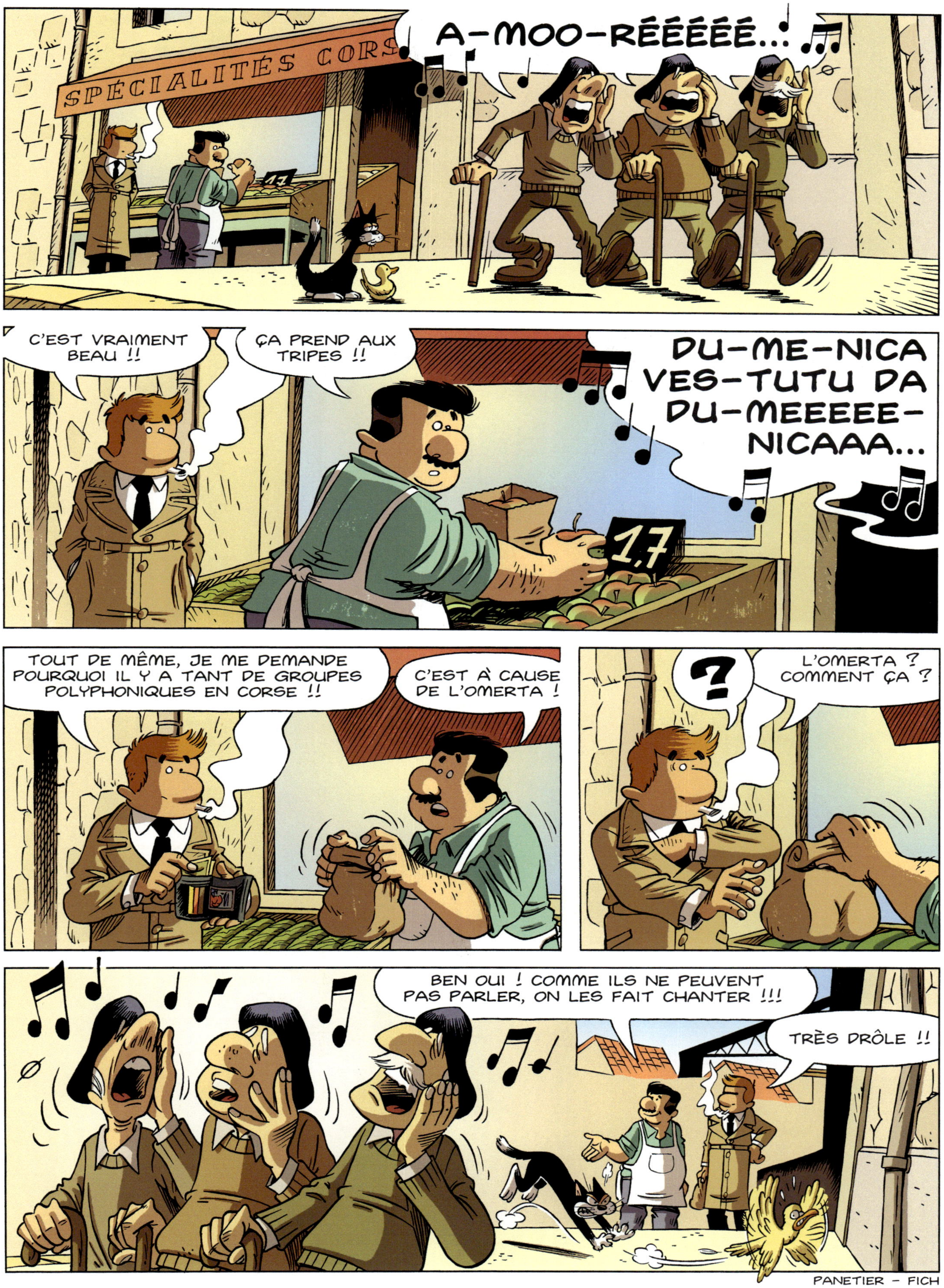
A-MOO-RÉÉÉÉÉ...
SPÉCIALITÉS CORS
17
C'EST VRAIMENT BEAU !!
ÇA PREND AUX TRIPES !!
DU-ME-NICA VES-TUTU DA DU-MEEEEE-NICAAA...
1,7
TOUT DE MÊME, JE ME DEMANDE POURQUOI IL Y A TANT DE GROUPES POLYPHONIQUES EN CORSE !!
C'EST À CAUSE DE L'OMERTA !
?
L'OMERTA ? COMMENT ÇA ?
BEN OUI ! COMME ILS NE PEUVENT PAS PARLER, ON LES FAIT CHANTER !!!
TRÈS DRÔLE !!
PANETIER - FICH

JE CROYAIS QUE LA LOI "LITTORAL" EMPÊCHAIT TOUTE CONSTRUCTION À MOINS DE CENT MÈTRES DES CÔTES ?
ON LE DIT ! MAIS LES AUTORITÉS REGARDENT AILLEURS...
C'EST HORRIBLE ! CETTE VILLA EST EN TRAIN DE DÉFIGURER LA CÔTE !!
C'EST UN RICHE INDUSTRIEL QUI FAIT CONSTRUIRE ! FAUT CROIRE QU'ON NE VEUT PAS TROP LE CONTRARIER...
... ET ALORS PERSONNE NE FAIT RIEN ?!!
PAS LA PEINE, LE PROPRIÉTAIRE A DÉJÀ EU DE GROS PROBLÈMES LORS DE LA CONSTRUCTION...
AH BON ? QUEL GENRE DE PROBLÈMES ?!!
DU GENRE QUI VONT BIENTÔT SE REPRODUIRE !!!
PANETIER - FICH

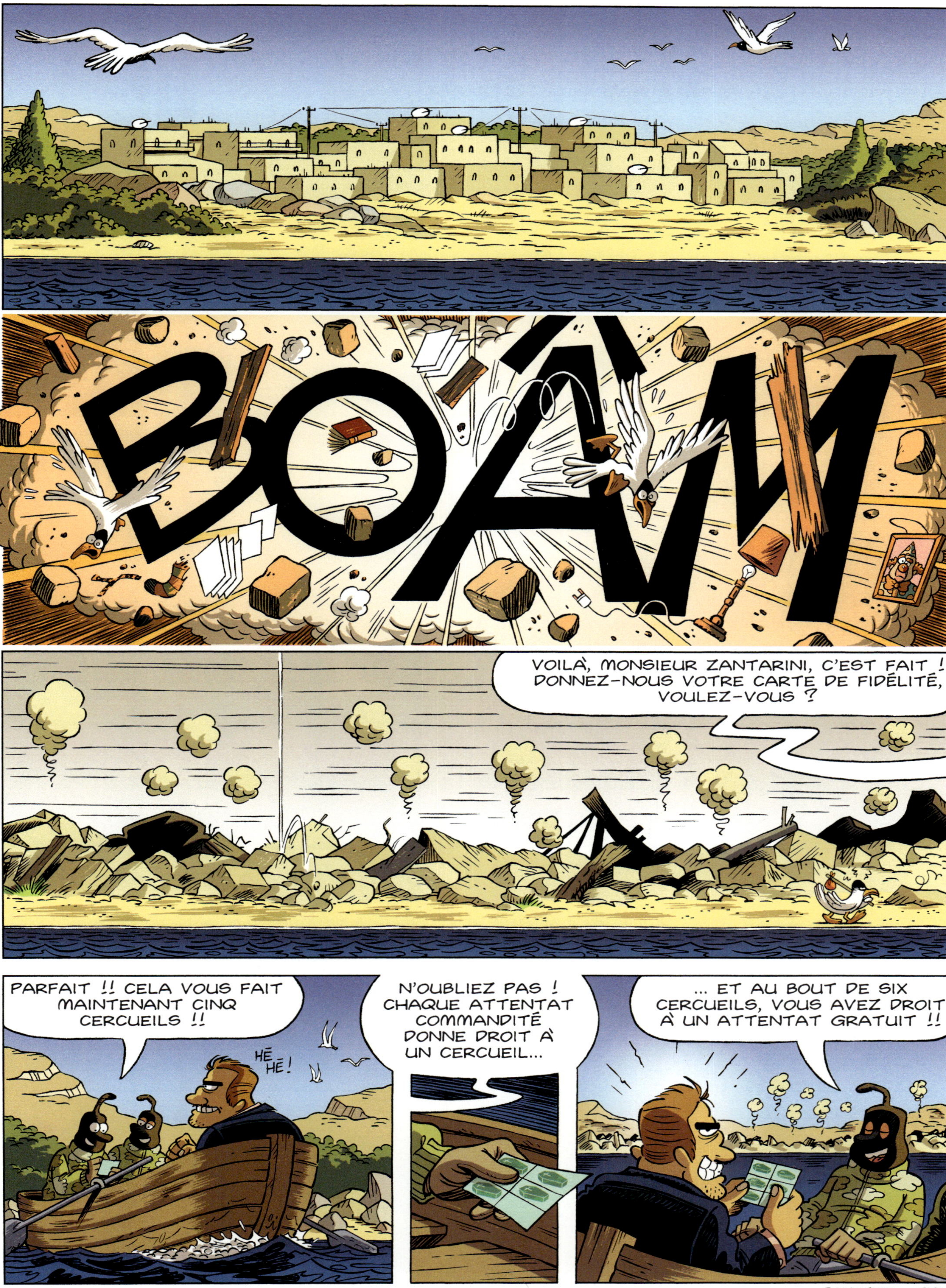
BOÂM
VOILÀ, MONSIEUR ZANTARINI, C'EST FAIT ! DONNEZ-NOUS VOTRE CARTE DE FIDÉLITÉ, VOULEZ-VOUS ?
PARFAIT !! CELA VOUS FAIT MAINTENANT CINQ CERCUEILS !!
HÉ HÉ !
N'OUBLIEZ PAS ! CHAQUE ATTENTAT COMMANDITÉ DONNE DROIT À UN CERCUEIL...
... ET AU BOUT DE SIX CERCUEILS, VOUS AVEZ DROIT À UN ATTENTAT GRATUIT !!

PANETIER - FICH

CES CLÉMENTINES SONT EXCELLENTES !! ET PUIS QUEL CADRE EXCEPTIONNEL !!
OUI ! ET PUIS VOUS GOÛTEREZ LES CONFITURES ET SURTOUT LE JUS ! VOUS VERREZ, ILS SONT EXCELLENTS !
JE N'Y MANQUERAI PAS !! MAIS DITES-MOI...
... LE GÉRANT DU VERGER, IL ÉTAIT DÉJÀ DANS LES FRUITS AVANT DE FAIRE DES CLÉMENTINES ?
SI ON VEUT ! MAIS À L'ÉPOQUE, SA SPÉCIALITÉ C'ÉTAIT PLUTÔT...
... LA GRENADE !
LA CLÉMENTINE RIEUSE

PANETIER - FICH

VOUS SAVEZ QUOI, LES GARS ?!
?
KRAK!
JE CROIS BIEN QUE C'ÉTAIT AUJOURD'HUI QUE LES SERVICES TECHNIQUES DEVAIENT ENLEVER NOTRE BANC !
SERVICES TECHNIQUES D'UMIUPAESSALU

PANETIER - FICH

MINCE ! LA MÈCHE EST TROP LONGUE !! IL FAUT LA COUPER !!!
♪
TINO !! VA ME CHERCHER DES CISEAUX !!!
EUH... OUI... OUI !
MAGNE-TOI, HEIN !!
OUI ! OUI !!
RHAAAAH!
ÇA Y EST !! J'AI LES CISEAUX !!!
PARFAIT ! DONNE-LES-MOI !!
GNIIIIIII
VOILÀ !
MAIS !!! QUE ???...
?
DITES, M'SIEUR ! J'PEUX Y ALLER, MAINTENANT ?
EUH... DÉSOLÉ ! C'EST TOUT CE QUE J'AI PU TROUVER !!!

PANETIER - FICH

OK ! CARTES D'IDENTITÉ, PERMIS DE CONDUIRE, PERMIS DE PORT D'ARME ! TOUT EST EN RÈGLE !
EH OUI, INSPECTEUR ! NOUS NE SOMMES QUE DEUX HONNÊTES CITOYENS VENUS S'ENTRAÎNER AU TIR, LOIN DE LA VILLE POUR NE PAS GÊNER LES AUTRES !!!
C'EST ÇA, MOQUEZ-VOUS !! MAIS SOYEZ CERTAINS QU'UN JOUR JE VOUS COINCERAI, TAS DE POSEURS DE BOMBES !
SOYEZ PAS MAUVAIS PERDANT, INSPECTEUR !!
ALLEZ, UNE SALVE D'HONNEUR POUR REDONNER...
... DU BAUME AU CŒUR À L'INSPECTEUR QUI A FAIT CHOU BLANC !!
BRATAKTA
!
!
PLOF! - POM!
HAHA !! BRACONNAGE SUR ESPÈCE PROTÉGÉE ! CE N'EST SANS DOUTE PAS POUR CELA QUE J'AURAIS CRU VOUS COINCER, MAIS FAUTE DE GRIVES, ON MANGE DES MERLES !!!

PANETIER - FICH

M... MA VOITURE !!!
C'EST LA VOITURE DE MONSIEUR LEBRUN QUI A SAUTÉ !! QU'EST-CE QUI S'EST PASSÉ ?
C'EST MATEO COLONU QUI A FAIT LE COUP !!
MATEO COLONU ? L'INDÉPENDANTISTE REPENTI ?
LUI-MÊME !!
MAIS, C'EST UN AMI DE LEBRUN !! ET PUIS, JE CROYAIS QU'IL AVAIT REJOINT LA POLICE !!
JUSTEMENT...
LEBRUN LUI A DEMANDÉ DE LUI FAIRE SAUTER SON PV, MATEO L'A FAIT ! LE PROBLÈME, C'EST QUE LE PV ÉTAIT ENCORE SUR LA VOITURE !
JE NE SAIS PAS CE QUI M'A PRIS !!

PANETIER - FICH

ICI, EN CORSE, NOUS AVONS BEAUCOUP D'ANIMAUX EN LIBERTÉ !
MOI, CEUX QUE JE PRÉFÈRE, CE SONT LES COCHONS SAUVAGES !!!
MAGNIFIQUES ! EN EFFET !!
JE LES TROUVE FORTS, FIERS ET COURAGEUX ! ILS SONT UNIQUES À LA CORSE !
AH, JE VOUS ARRÊTE DE SUITE ! SUR LE CONTINENT AUSSI, NOUS AVONS DES COCHONS SAUVAGES !!
AH BON ?
OUI, D'AILLEURS, VOUS EN RÉCUPÉREZ CERTAINS SPÉCIMENS ICI EN ÉTÉ...
... LES TOURISTES !
TU VAS AVANCER, HÉ, CRÉTIN !!
PASSE PAR-DESSUS, SI T'ES PAS CONTENT, IMBÉCILE !!
PIIIIP! TUUUT!! POUÂÂP!
RESPECTEZ LA NATURE, S.V.P.

PANETIER - FICH

BAÔM!
PUF!
PUF!
PUF!
ÇA Y EST, LES GARS !! J'AI FAIT MES PREUVES, JE PEUX FAIRE PARTIE DU GROUPE ?
J'AI FAIT SAUTER UN BÂTIMENT PUBLIC TOUT SEUL, SANS L'AIDE DE PERSONNE, ET VOUS NE DEVINEREZ JAMAIS CE QUE C'EST !!!
LA CENTRALE **EDF** ?
?
BEN... BEN OUI ! COMMENT VOUS AVEZ SU ?
UNE INTUITION, TINO, JUSTE UNE INTUITION !!

PANETIER – FICH

MOI, LA CORSE, JE L'AI TATOUÉE SUR MON MOLLET, TELLEMENT JE L'AIME !!
OUAH, EN EFFET !! JOLI TATOUAGE !!
EH BIEN, MOI, LA CORSE, JE L'AIME AUSSI ! C'EST POUR CELA QUE JE ME SUIS TATOUÉ...
... LA TÊTE DE MAURE SUR LE CŒUR !!
EH BIEN, MOI AUSSI, LA CORSE, JE L'AI DANS LA PEAU...
?
.... ALORS JE ME SUIS FAIT TATOUER SA CARTE SUR TOUTE LA SURFACE DU DOS...
LE PROBLÈME C'EST QUE POUR LA HAUTE-CORSE...
... IL A FALLU FAIRE QUELQUES PETITS AMÉNAGEMENTS !!
HA HA HA
Hi Hi Hi
HÉ HÉ HÉ
HA HA HA

PANETIER - FICH

C'EST PAS POSSIBLE !! ÇA NE RÉPOND TOUJOURS PAS !!
C'EST PAS VRAI !! CELA FAIT UNE HEURE QUE J'ESSAIE D'AVOIR CE NUMÉRO ! NOM DE NOM !!
BON SANG ! VOILÀ QUE ÇA RECOMMENCE !!
TUT TUT TUT TUT TUT TUT
RHHHHHAAAAA !!! J'EN AI ASSEZ !! VINGT-CINQ APPELS AUJOURD'HUI, ET PERSONNE NE DÉCROCHE !!
KLANG !
MHH... QUEL EST LE NUMÉRO QUE VOUS CHERCHEZ À JOINDRE ?
LES RENSEIGNEMENTS, POURQUOI ?
LES RENSEIGNEMENTS, EN CORSE ? HAHAHA ! VOUS POUVEZ ENCORE ATTENDRE LONGTEMPS !!!
PANETIER - FICH

AH, TINO !! TU TOMBES BIEN !! IL FAUT ABSOLUMENT QUE TU M'AIDES !!
?
SI L'INSPECTEUR DE L'UNION EUROPÉENNE VOIT CES CHÈVRES AU MILIEU DE MES MOUTONS, IL VA ME FAIRE SAUTER MA SUBVENTION...
... ALORS RESTE ICI ET S'IL TE DEMANDE QUELQUE CHOSE, TU DIS QU'ELLES SONT À TOI ! OK ?
BONJOUR, MONSIEUR PAOLI !!
MONSIEUR JOOR !! QUELLE BONNE SURPRISE !!
VOUS FAITES DANS L'ÉLEVAGE POLY ESPÈCES, MAINTENANT ?
OH NOOON, M'SIEUR JOOR !! CES BÊTES SONT À MON AMI TINO !! PAS VRAI, TINO ?
OUI !! CE SONT MES CHIENS !!
VOS CHIENS ?!! MAIS... ELLES ONT DES CORNES, CES BÊTES !!
OH, VOUS SAVEZ, MOI, LEUR VIE PRIVÉE !!

PANETIER - FICH

ALLEZ, AJACCIO !!
ALLEZ, GAZELEC !!
CAHUZAC, REVIENS !!
QUELLE AMBIANCE, C'EST SUPERBE !! DOMMAGE QUE LYON MÈNE 1-0 !
ATTENDEZ, M'SIEUR LEBRUN ! CE N'EST PAS FINI !!
WOUAAAII !! VAS-YYYY !!
AJACCIO
1-0
SHOOT
?
OOUAIIIIS
MAIS... MAIS CE BUT N'EST PAS VALABLE !! IL Y A EU UNE COUPURE D'ÉLECTRICITÉ !!
COMMENT ÇA, PAS VALABLE ? C'EST DE NOTRE FAUTE À NOUS SI SUR L'ÎLE...
... L'ÉTAT NE NOUS MET PAS À DISPOSITION DES CENTRALES ÉLECTRIQUES PLUS PUISSANTES ?
W.C.

PANETIER - FICH

ELLE EST SUPERBE VOTRE MAISON, M'SIEUR SANTINI ! VISIBLEMENT, ÇA RAPPORTE BIEN L'ARTISANAT !
DISONS QU'IL Y A DEUX ANS, MA MAISON A BRÛLÉ, UN INCIDENT MALENCONTREUX !! HEUREUSEMENT, J'AVAIS UNE BONNE ASSURANCE !!
C'EST MARRANT, ÇA ! IL M'EST ARRIVÉ QUELQUE CHOSE DE SIMILAIRE AVEC MA RÉSIDENCE SECONDAIRE...
REGARDEZ !!
WOUAH !! ELLE EST MAGNI-FIQUE !!
ON L'A RECONSTRUITE À NEUF L'AN DERNIER ! LA RIVIÈRE A DÉBORDÉ IL Y A DEUX ANS ET A COMPLÈTEMENT DÉTRUIT L'ANCIENNE !!
WOUAH !! ET COMMENT VOUS AVEZ FAIT POUR PROVOQUER UNE INONDATION ?
?

PANETIER - FICH

ALLEZ ! AVOUEZ ! PLUSIEURS TÉMOINS VOUS ONT VU PÉNÉTRER DANS CETTE MAISON CE SOIR-LÀ !!
C'EST FAUX, MONSIEUR LE JUGE !!!
... J'AI ICI DES TÉMOINS QUI PEUVENT PROUVER QU'IL N'Y AVAIT **PAS** DE TÉMOINS CE SOIR-LÀ !!!

PANETIER - FICH

AAAAAAAAAAAAAAAAAA
JE DISAIS DONC : FAITES ATTENTION !
DANS CETTE PARTIE DE L'ÎLE,
LES SENTIERS SONT MEUBLES ET
PLEIN DE CAILLOUX !!
?
PLANK

PANETIER - FICH

QUI EST-CE ?
C'EST TINTIN PASQUALINI, UN DES COMIQUES CORSES LES PLUS DRÔLES ET LES PLUS POPULAIRES DES CINQUANTE DERNIÈRES ANNÉES !!
DITES DONC... IL SE MARRE SACRÉMENT, VOTRE TINTIN !! VOUS SAVEZ POURQUOI ?
AUCUNE IDÉE !!
MUSÉE CORSE DU TRAVAIL

PANETIER - FICH

QUI ÉTAIT-CE ?
ANTONIU ANTONETTI, UN INDÉPENDANTISTE MORT DANS LE MAQUIS IL Y A TROIS JOURS ! CELA FAISAIT TRENTE ANS QU'IL Y ÉTAIT PLANQUÉ !
VIEILLESSE ?
NON, ACCIDENT !!
LA POLICE LUI A MIS LA MAIN DESSUS ?
NON, ALZHEIMER !!
CO... COMMENT ÇA ?
CELA FAISAIT UN MOMENT QU'IL SOUFFRAIT D'ALZHEIMER ET IL Y A TROIS JOURS, IL A CONFONDU SON CIGARE AVEC UN BÂTON DE DYNAMITE !!

PANETIER - FICH

ÇA VAUT LE DÉTOUR

À DROITE !!
NON ! À GAUCHE !!
NON !! À DROITE !!
NON ! J'AI DIT À GAUCHE !!
ET MOI, JE TE DIS À DROITE !!
STOP !! VOTRE TEMPS EST IMPARTI !! VOUS AVEZ ÉCHOUÉ, LA POLICE VIENT DE VOUS ARRAISONNER !
?
GAME OVER
FERRIES DETOURN SIMULATOR
C'EST MALIN !!! VOUS SAVEZ COMBIEN IL NOUS A COÛTÉ CE SIMULATEUR DE DÉTOURNEMENT DE FERRIES ?!!!
SI ON VEUT ÊTRE PRÊTS À TEMPS, VA FALLOIR ÊTRE UN PEU PLUS À CE QUE VOUS FAITES, LES GARS !!

PANETIER - FICH

BLAGUE POWER !

DES BLAGUES COMME S'IL EN PLEUVAIT !

LES BLAGUES BELGES
LES BLAGUES BELGES
DITES-LE AVEC DES FRITES !
DELCOURT

LES BLAGUES BELGES

LA SÉRIE QUI DONNE LA FRITE !

TROIS TOMES PARUS

LES BLAGUES DU BLED
DELCOURT

LES BLAGUES DU BLED

IL ÉTAIT UNE FOIS DANS LE BLED

UN TOME PARU

Les blagues CH'TIS
DELCOURT

LES BLAGUES CH'TIS

POUR BRAIRE DE RIRE !

UN TOME PARU

GUILLON SIRVENT
LES BLAGUES DE Comptables
DELCOURT

LES BLAGUES DE COMPTABLES

DES CHIFFRES ET DES GAGS

UN TOME PARU

LES BLAGUES JUIVES
LES BLAGUES JUIVES
DELCOURT

LES BLAGUES JUIVES

L'HUMOUR DES LAMENTATIONS

TROIS TOMES PARUS

LES BLAGUES DU Rail
DELCOURT

LES BLAGUES DU RAIL

HUMOUR À TRÈS GRANDE VITESSE !

UN TOME PARU

LARBIER RABAROT
LES BLAGUES DE Retraités
1. PROMOTION CANAPÉ
NO FUTURE
DELCOURT

LES BLAGUES DE RETRAITÉS

PROMOTION CANAPÉ !

UN TOME PARU

PANETIER MADAULE
Les + Blagues Suisses
PANETIER MADAULE
Les + Blagues Suisses
DELCOURT

LES BLAGUES SUISSES

HELVÈTES OU NE PAS ÊTRE ?

TROIS TOMES PARUS

SUPER BLAGUES
SUPER BLAGUES
Abus de Pouvoir

SUPER BLAGUES

SUPER HÉROS UN JOUR, SUPER CRÉTINS TOUJOURS !

DEUX TOMES PARUS

DELCOURT